País Cabaña Libro de Colorear

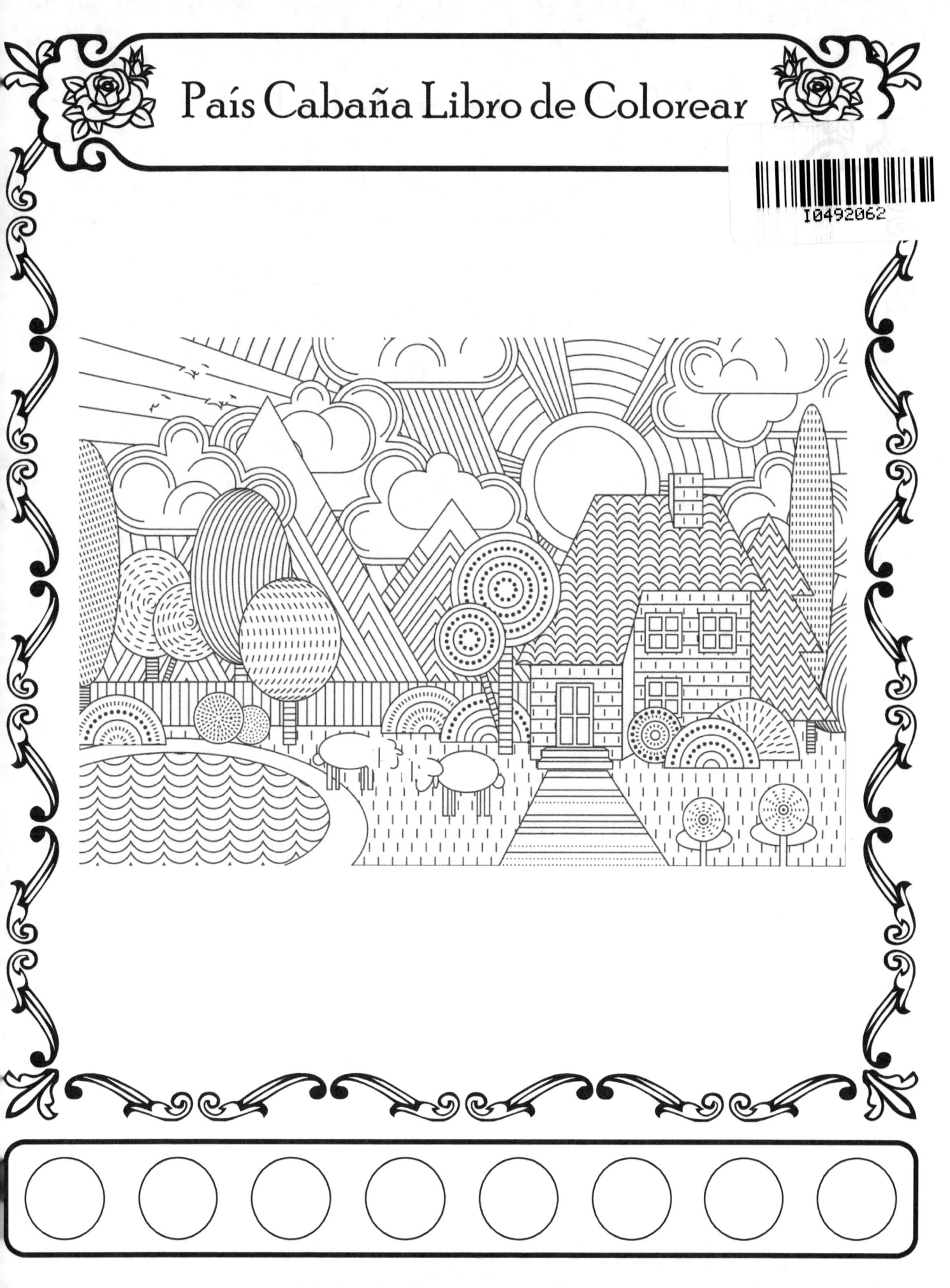

País Cabaña Libro de Colorear

País Cabaña Libro de Colorear

País Cabaña Libro de Colorear

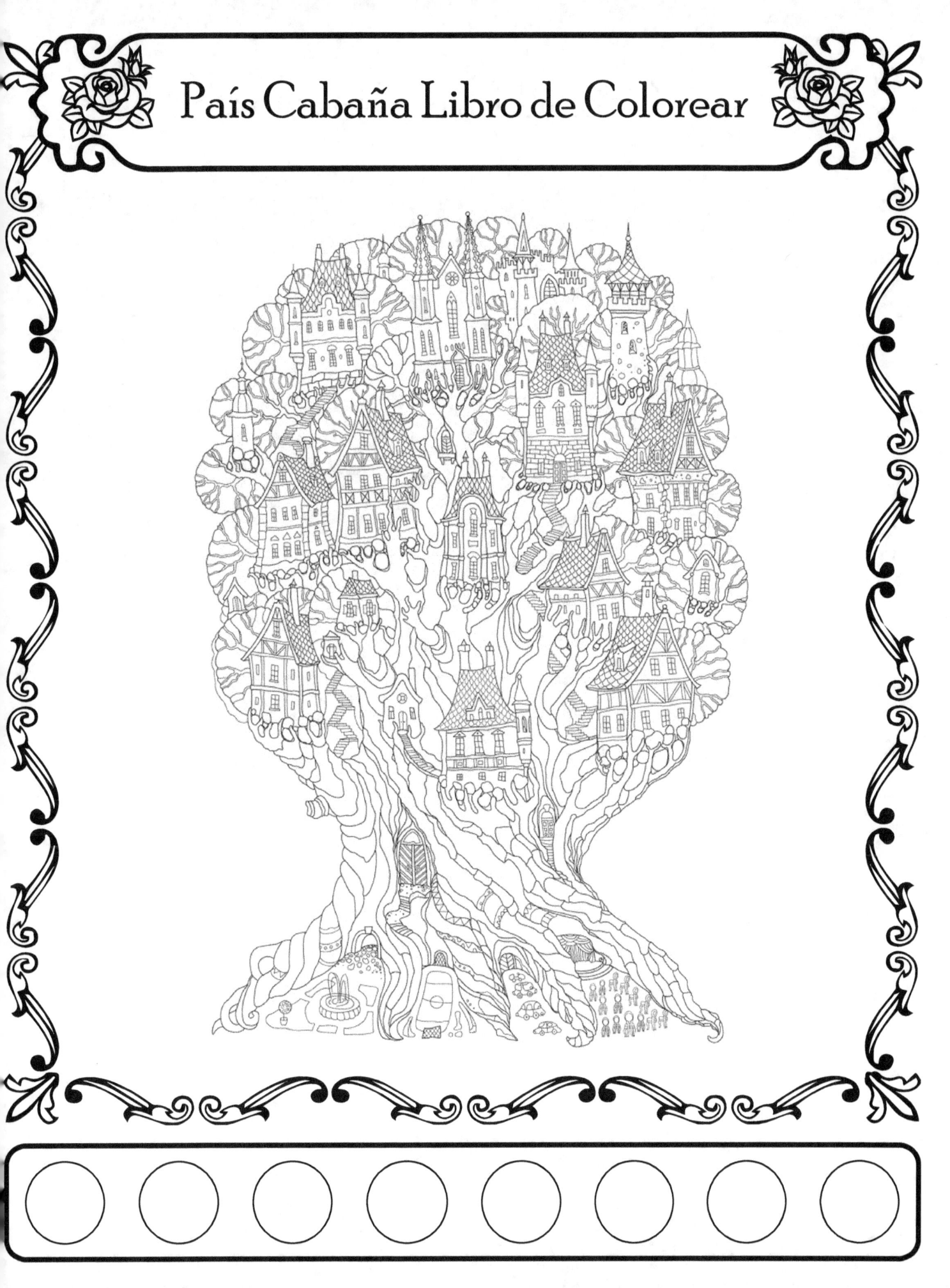

País Cabaña Libro de Colorear

País Cabaña Libro de Colorear

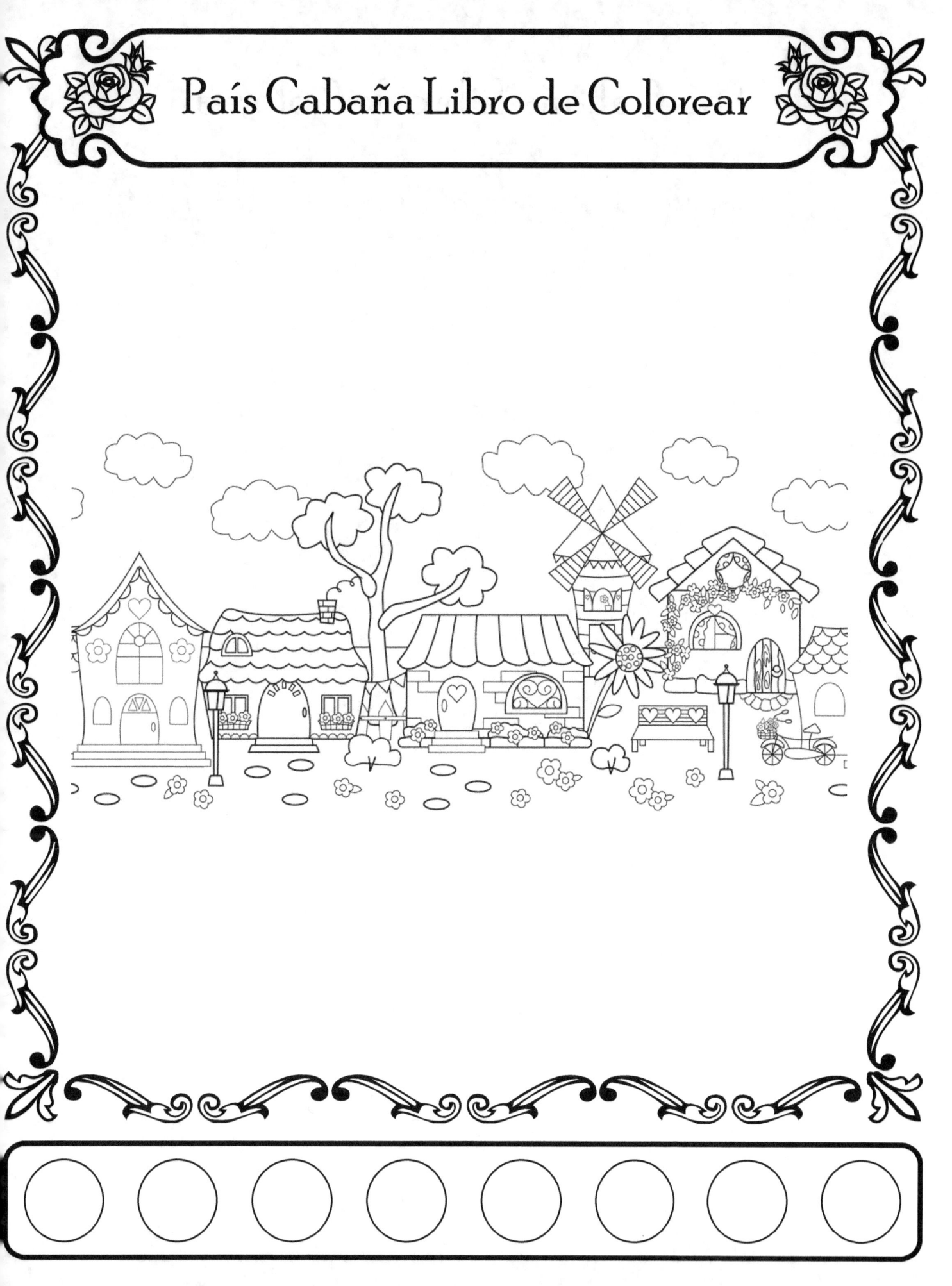

País Cabaña Libro de Colorear

País Cabaña Libro de Colorear

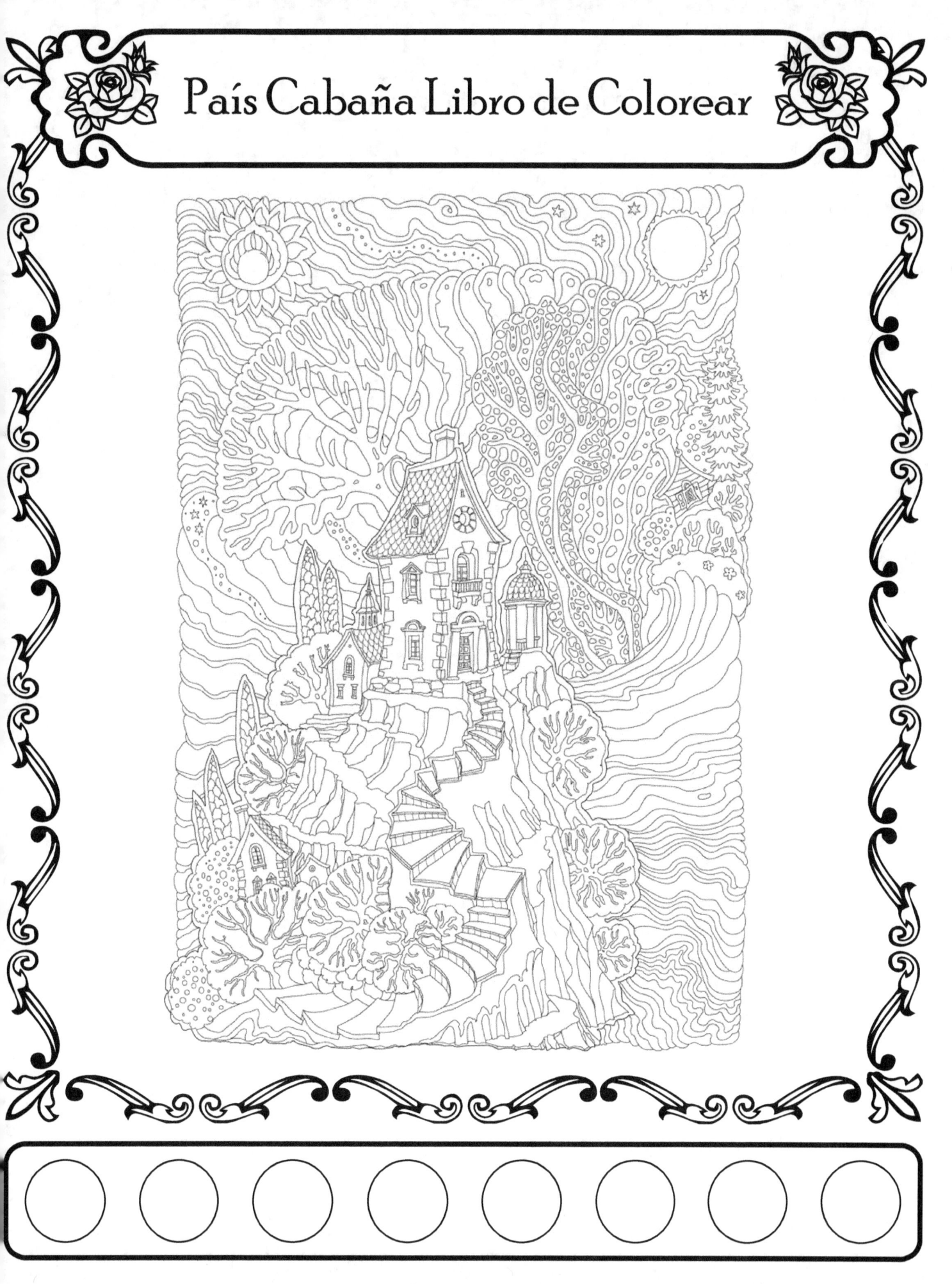

País Cabaña Libro de Colorear

País Cabaña Libro de Colorear

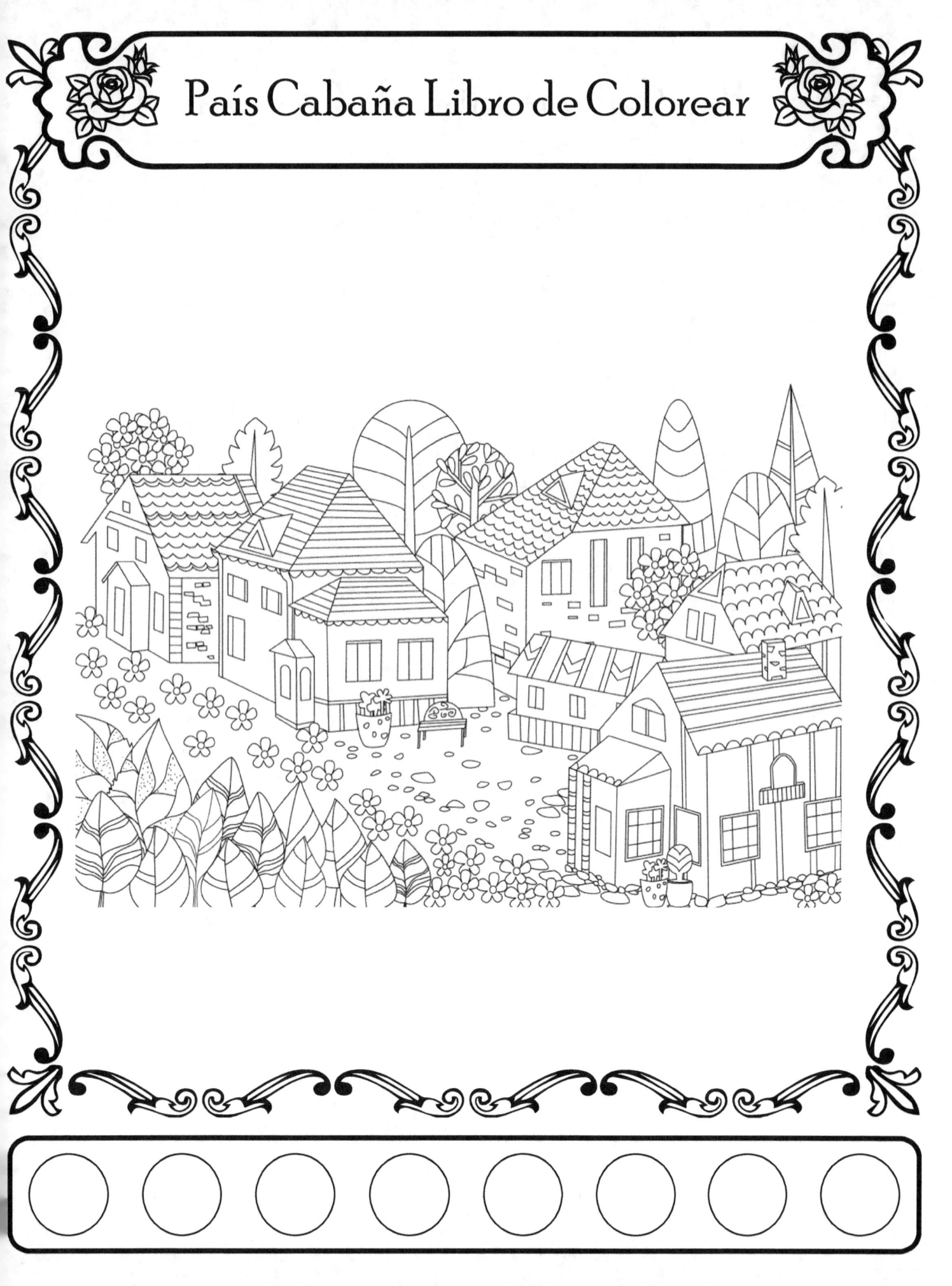

País Cabaña Libro de Colorear

País Cabaña Libro de Colorear

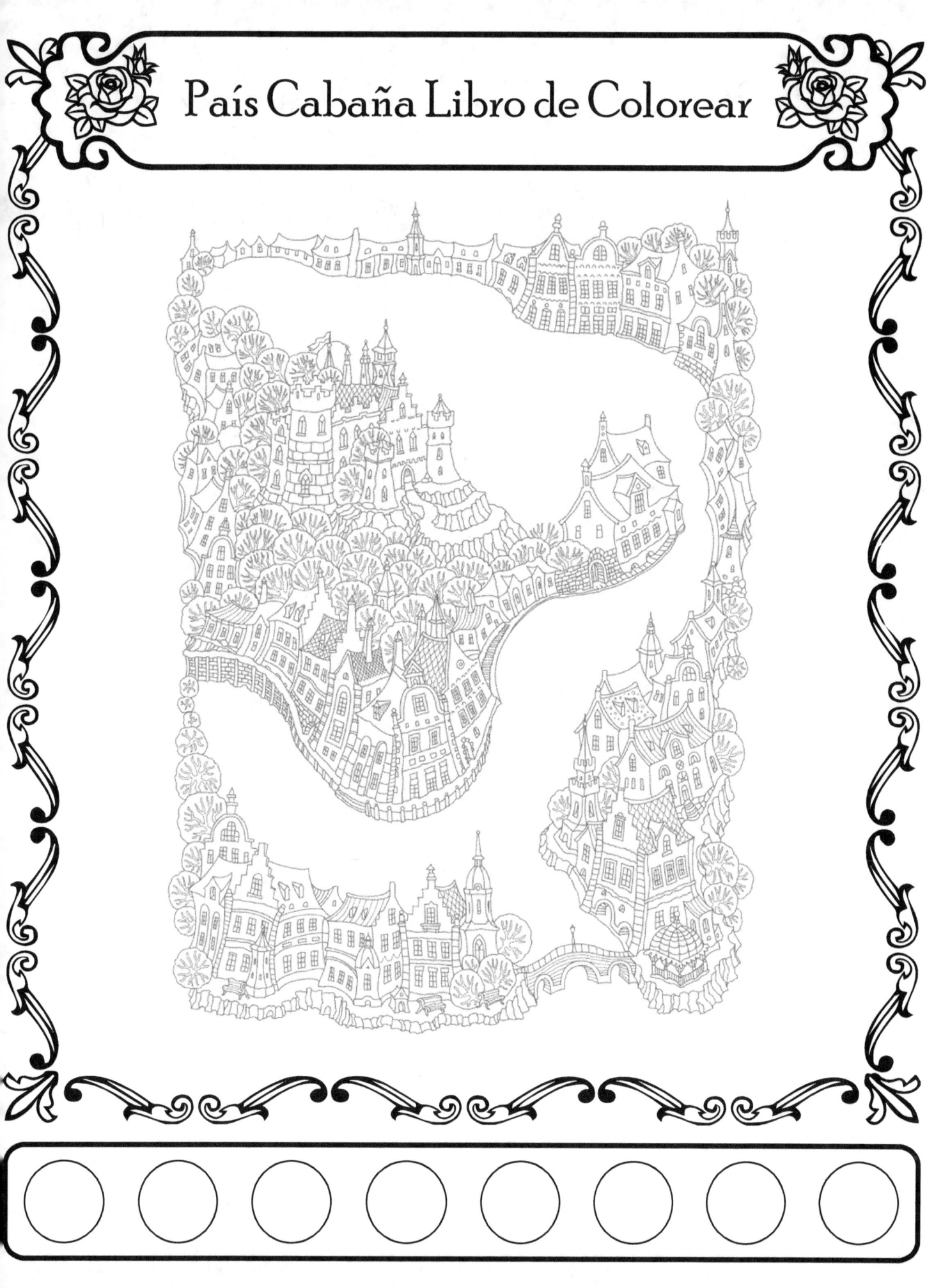

País Cabaña Libro de Colorear

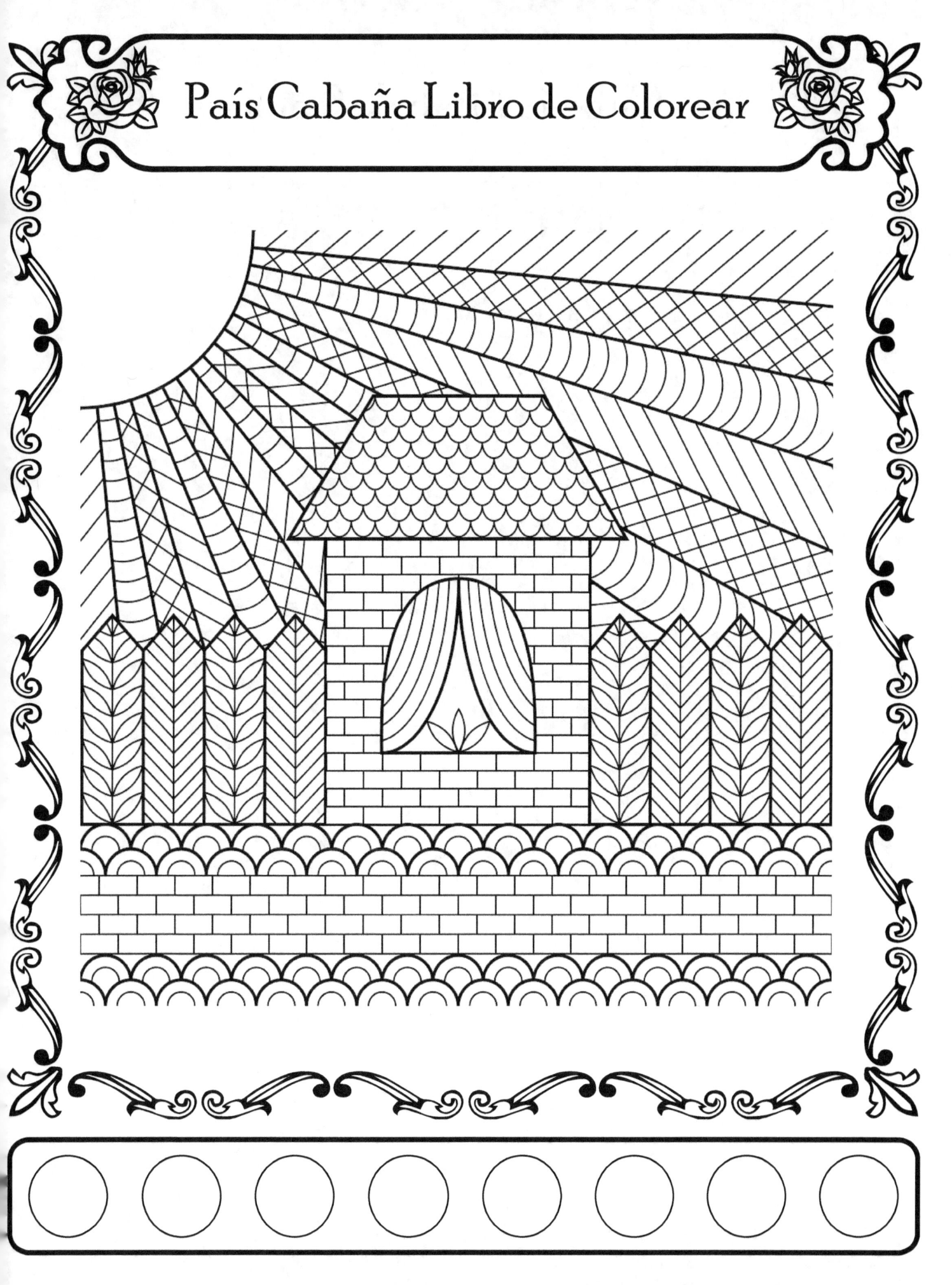

País Cabaña Libro de Colorear

País Cabaña Libro de Colorear

País Cabaña Libro de Colorear

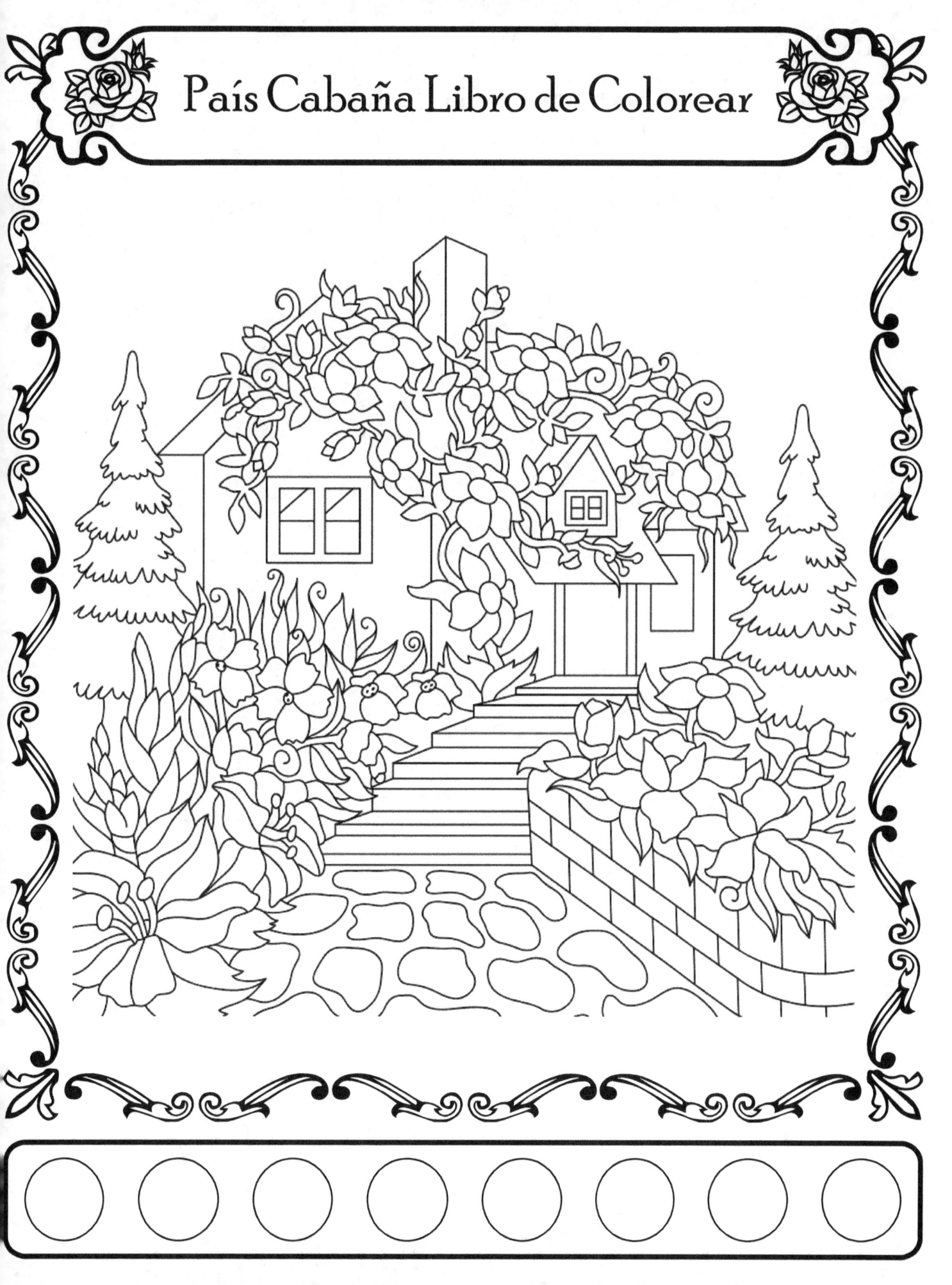

País Cabaña Libro de Colorear

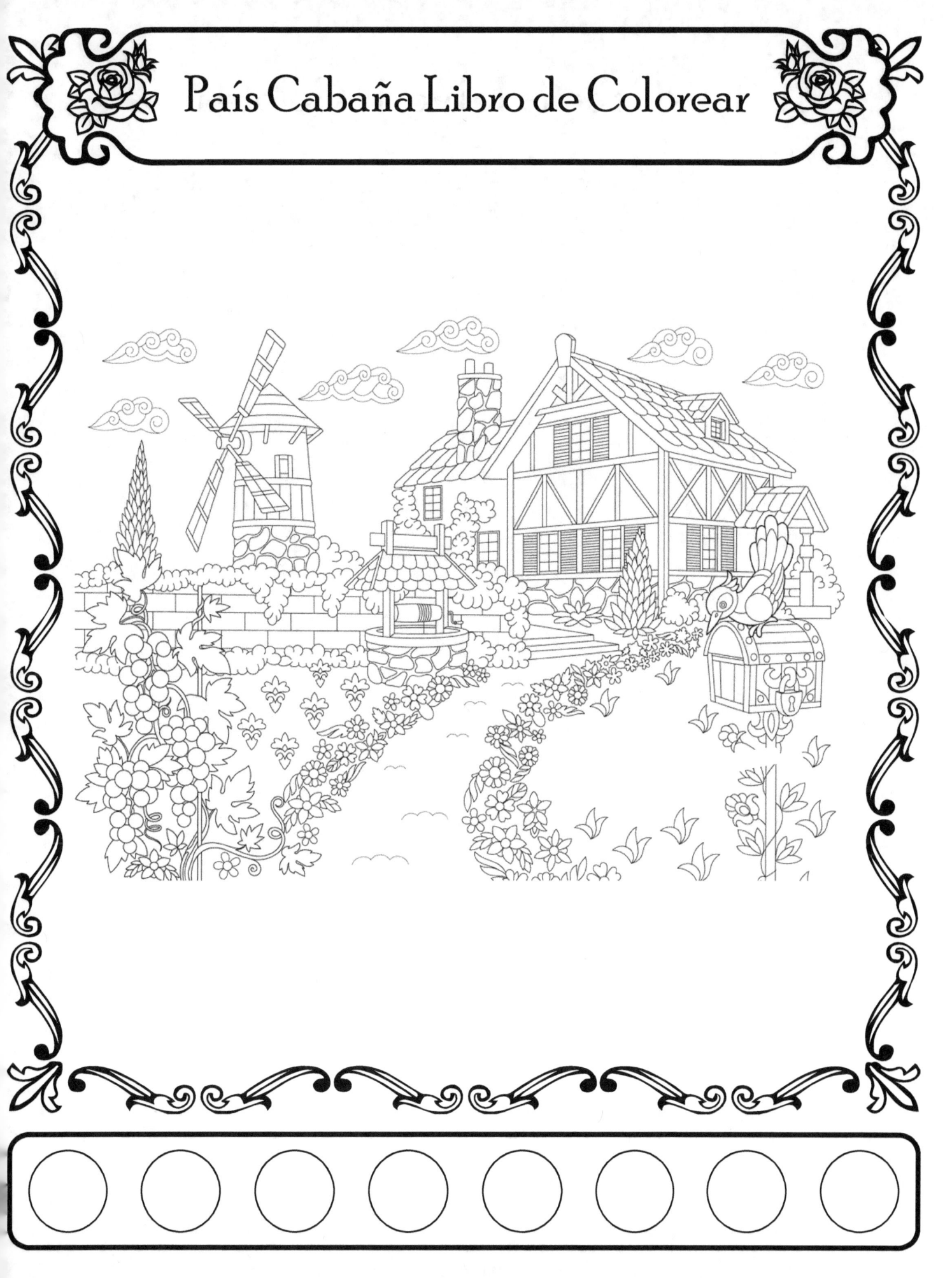

País Cabaña Libro de Colorear

País Cabaña Libro de Colorear

País Cabaña Libro de Colorear

País Cabaña Libro de Colorear

País Cabaña Libro de Colorear

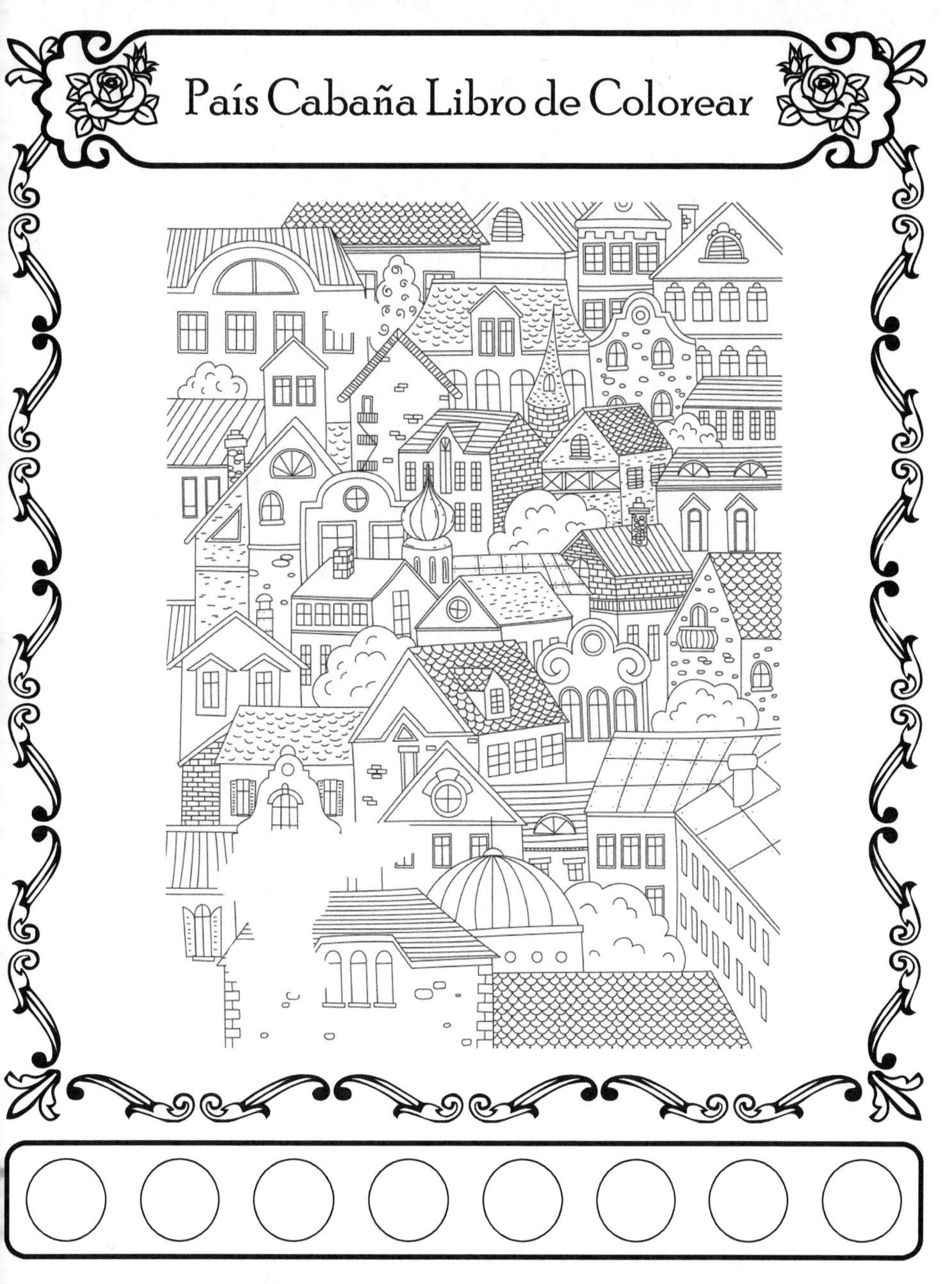

País Cabaña Libro de Colorear

País Cabaña Libro de Colorear

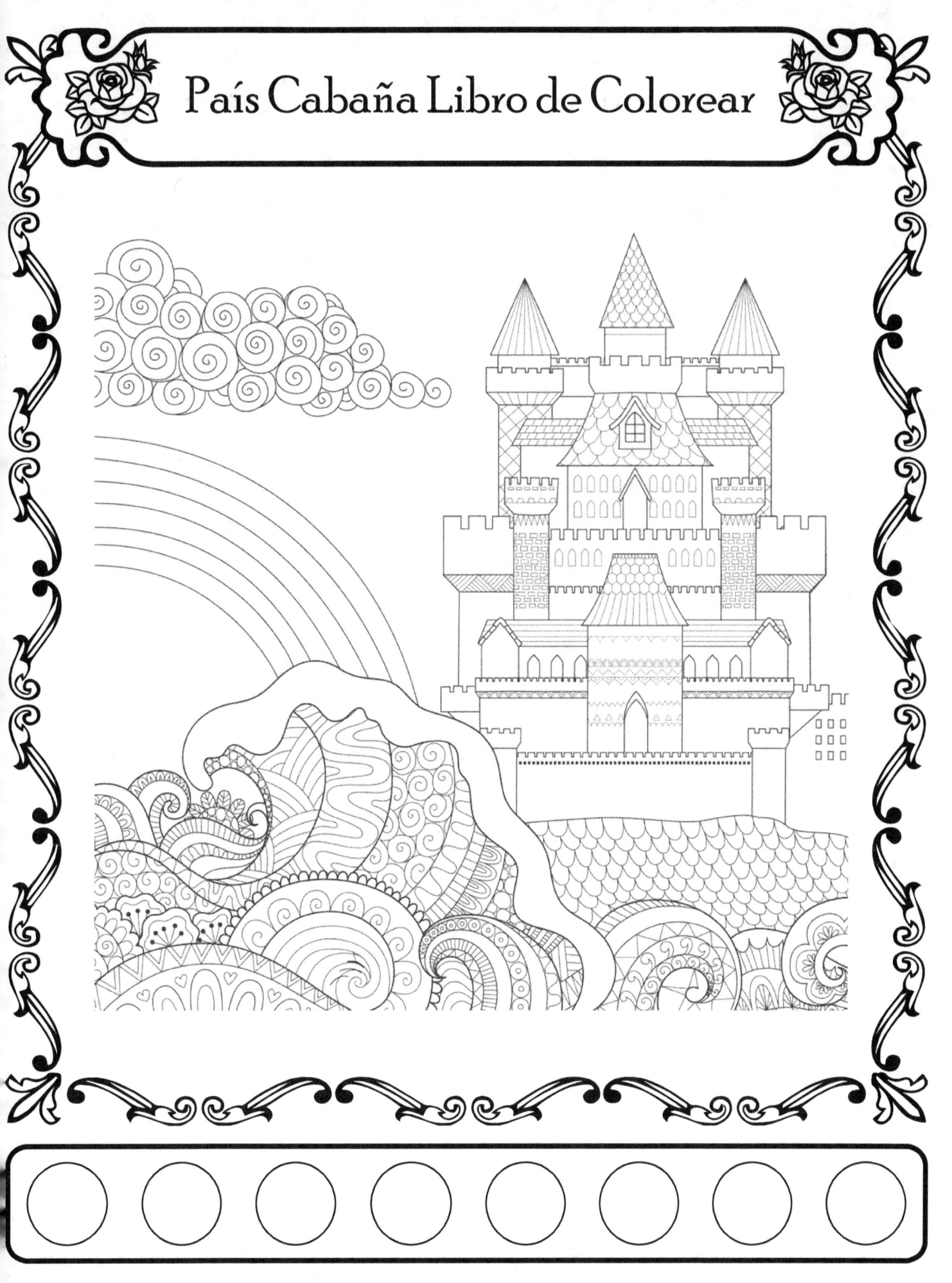

País Cabaña Libro de Colorear

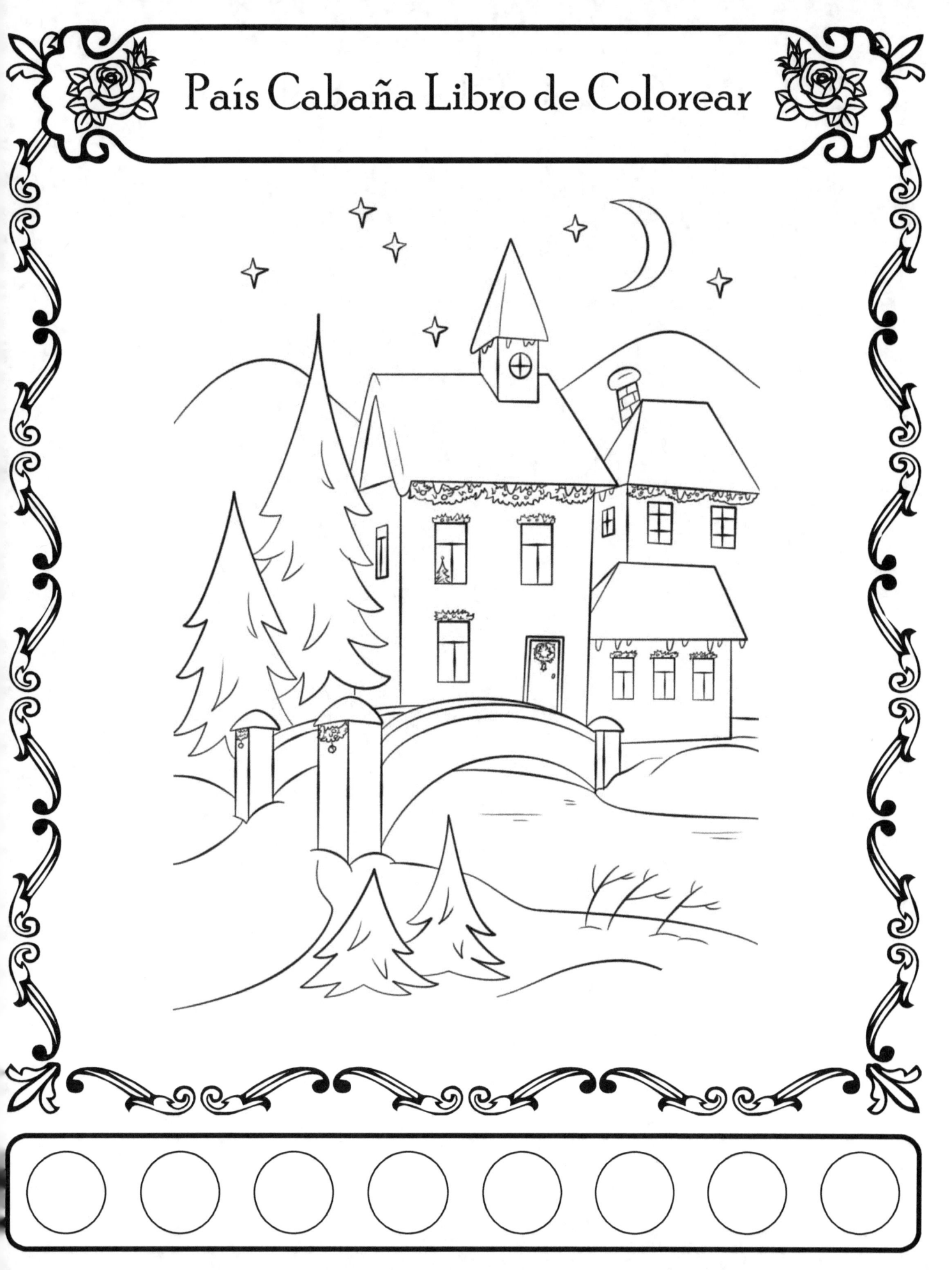

País Cabaña Libro de Colorear

País Cabaña Libro de Colorear

País Cabaña Libro de Colorear

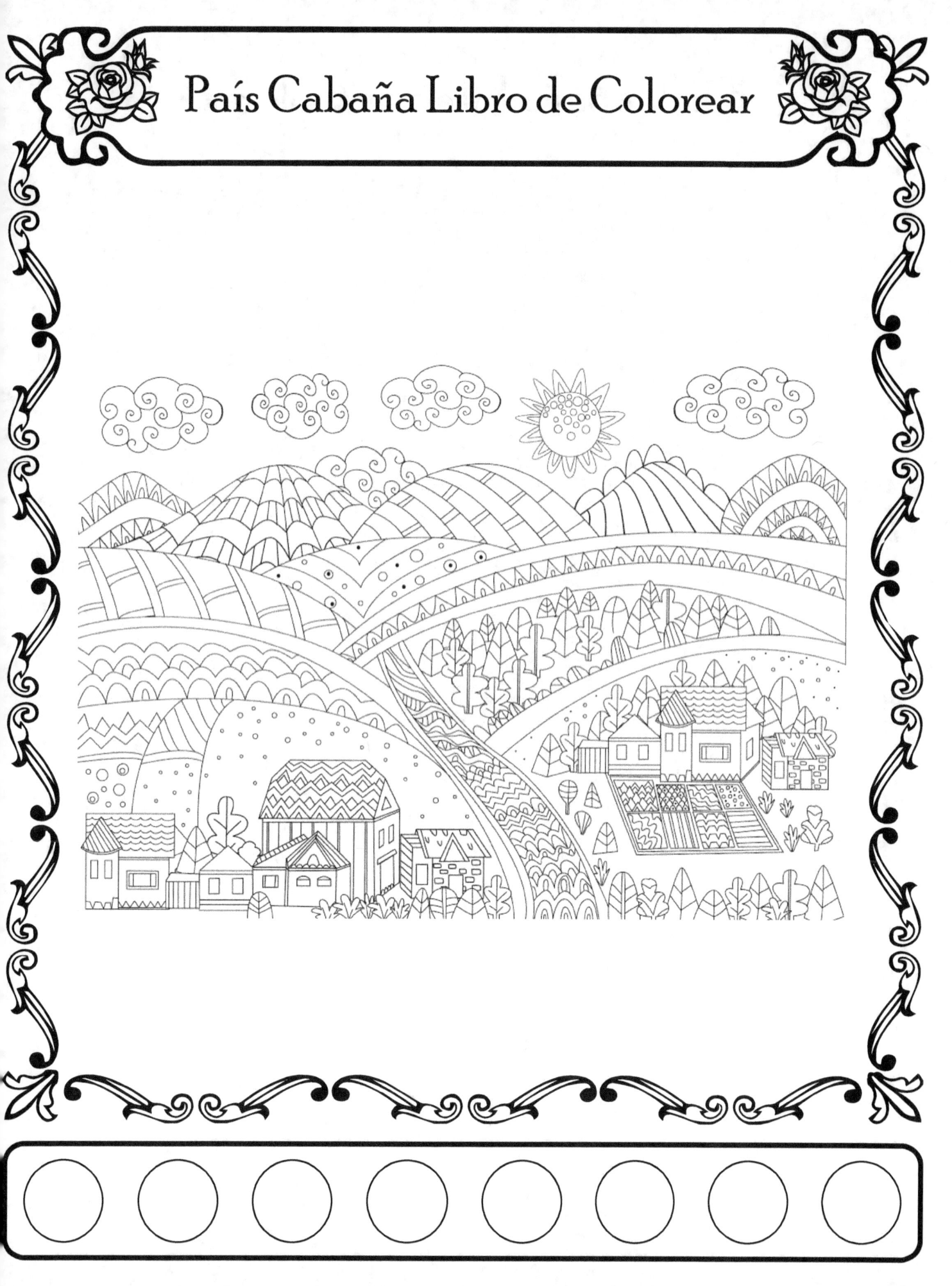

País Cabaña Libro de Colorear

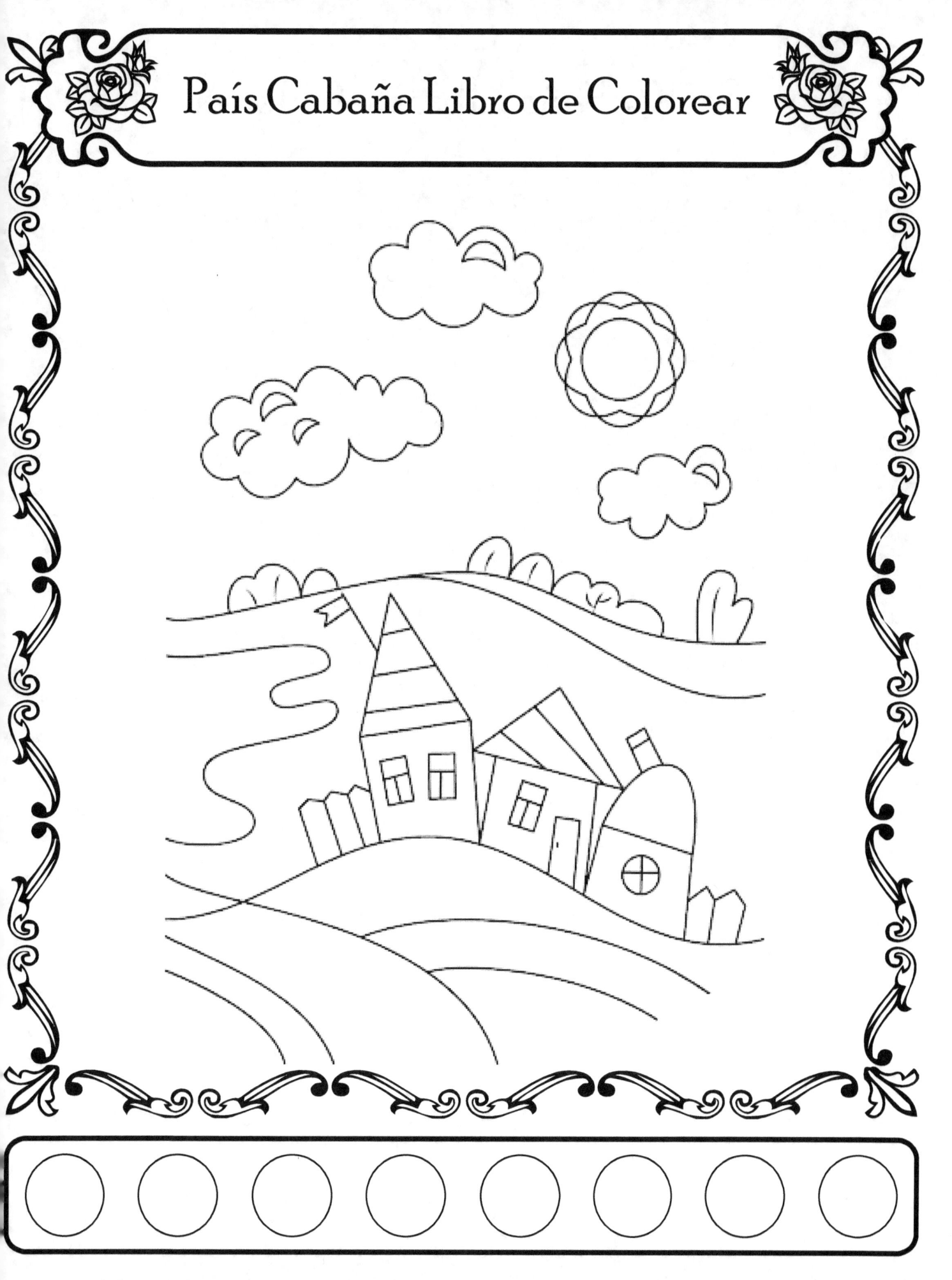

País Cabaña Libro de Colorear

País Cabaña Libro de Colorear

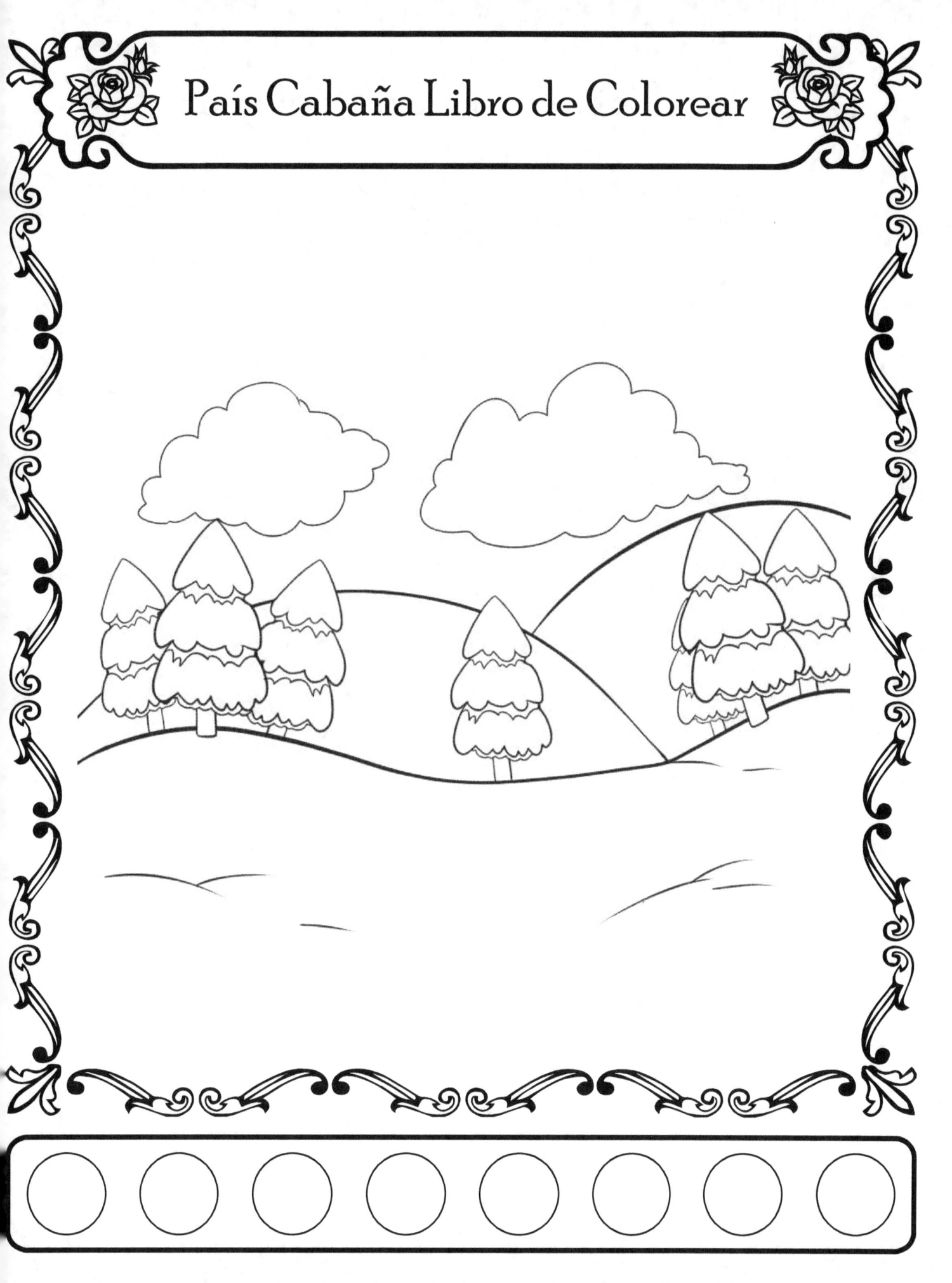

País Cabaña Libro de Colorear

País Cabaña Libro de Colorear

País Cabaña Libro de Colorear

País Cabaña Libro de Colorear

País Cabaña Libro de Colorear

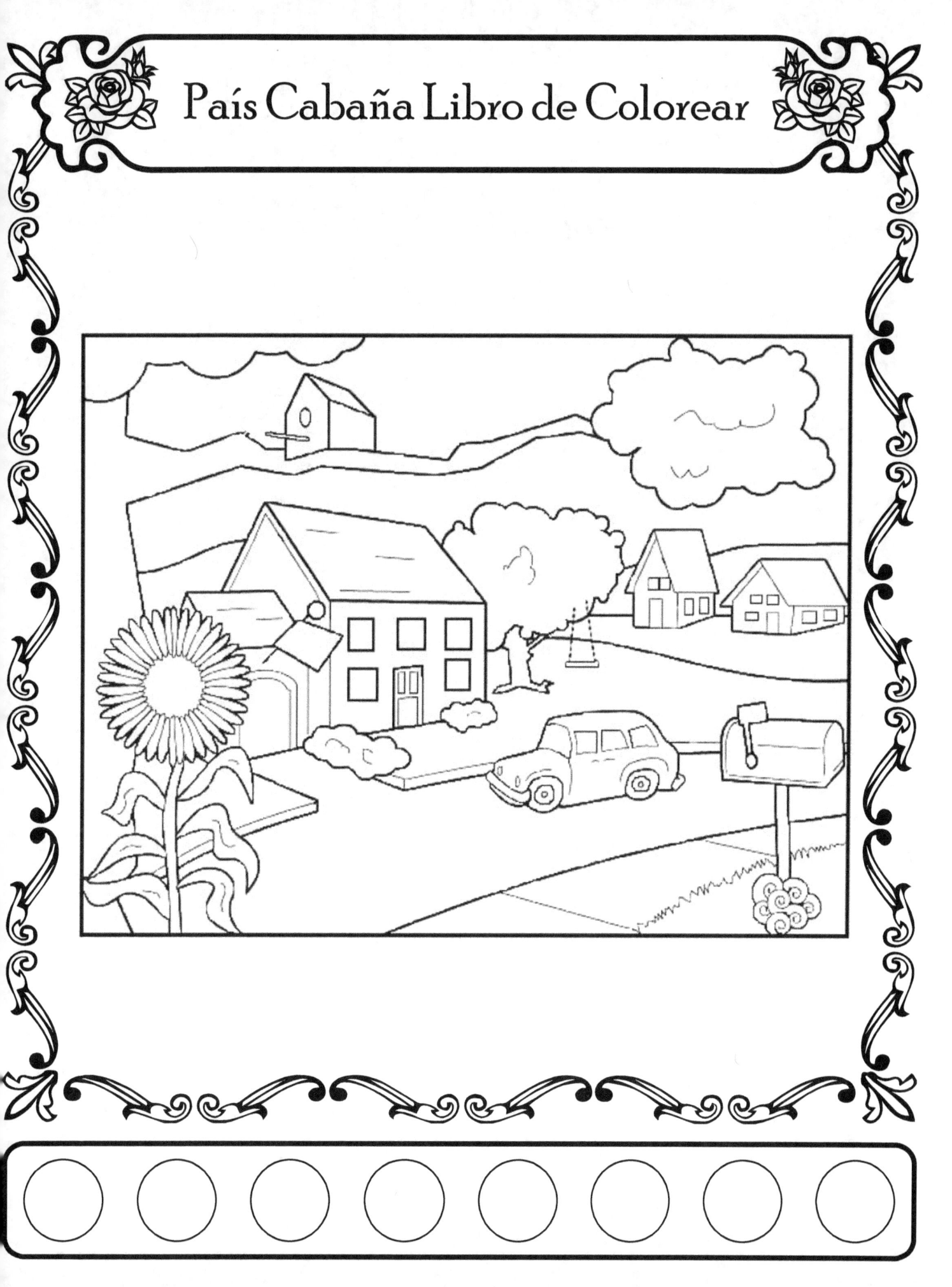

País Cabaña Libro de Colorear

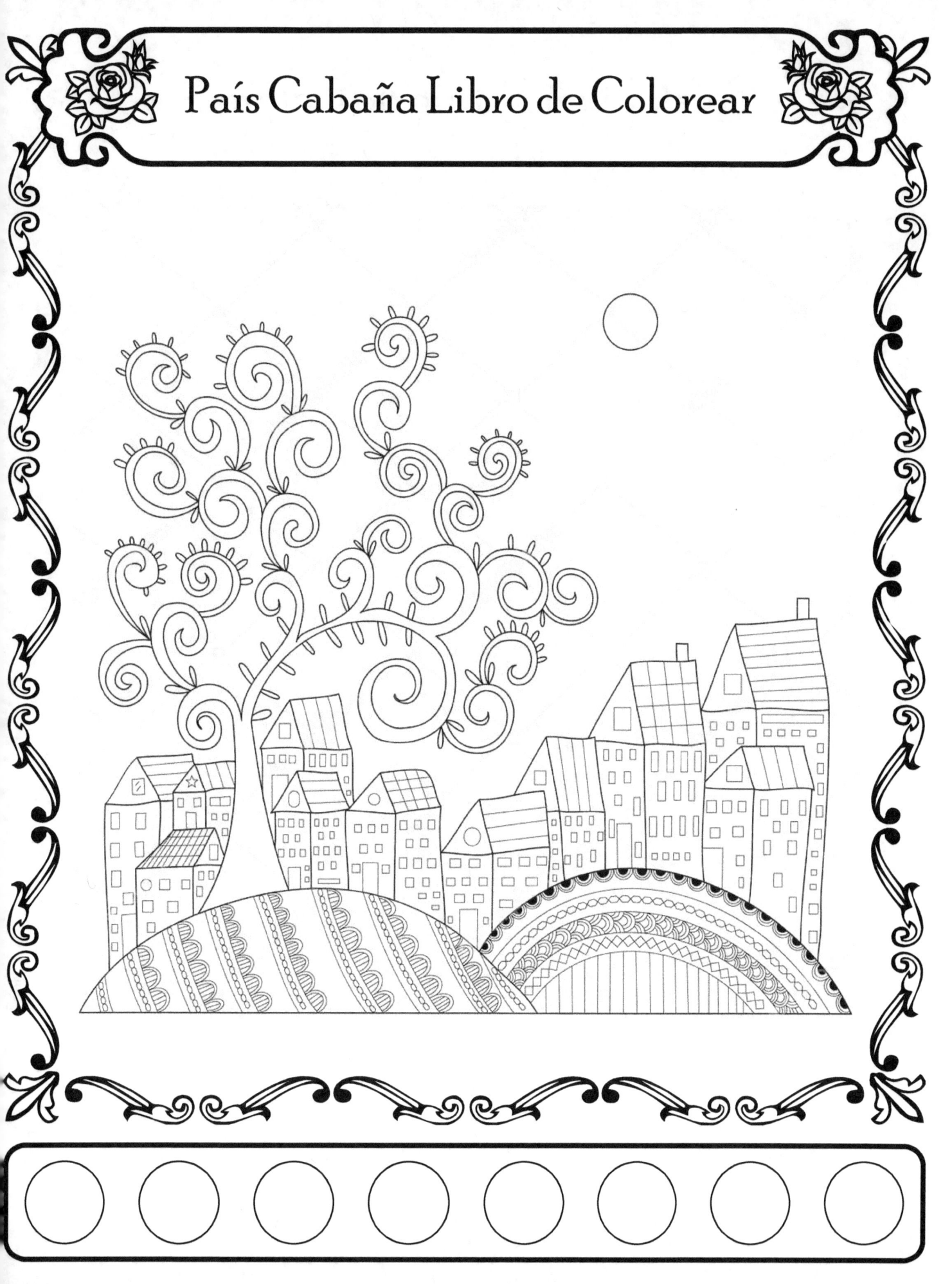

País Cabaña Libro de Colorear

País Cabaña Libro de Colorear

País Cabaña Libro de Colorear

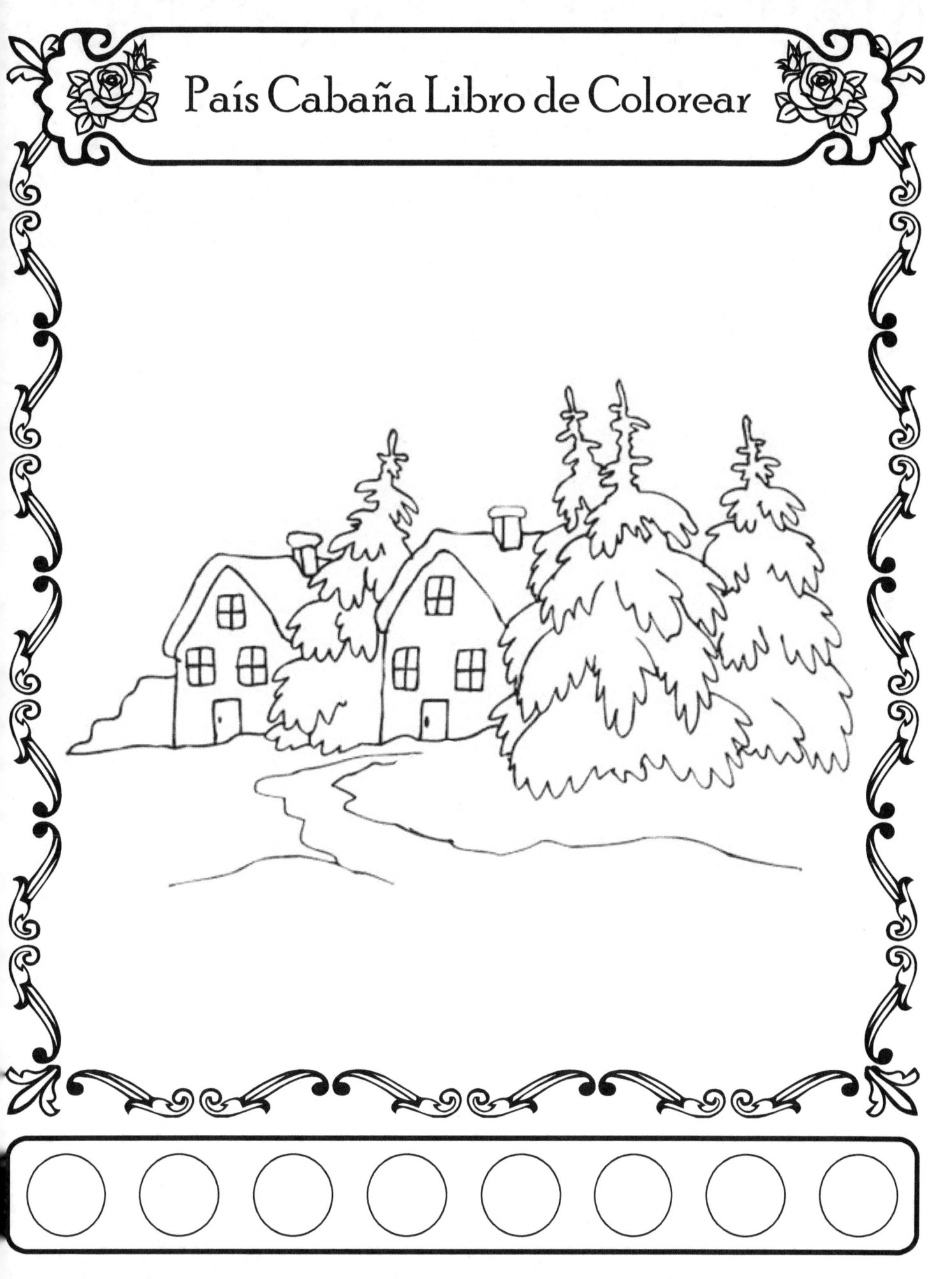

País Cabaña Libro de Colorear

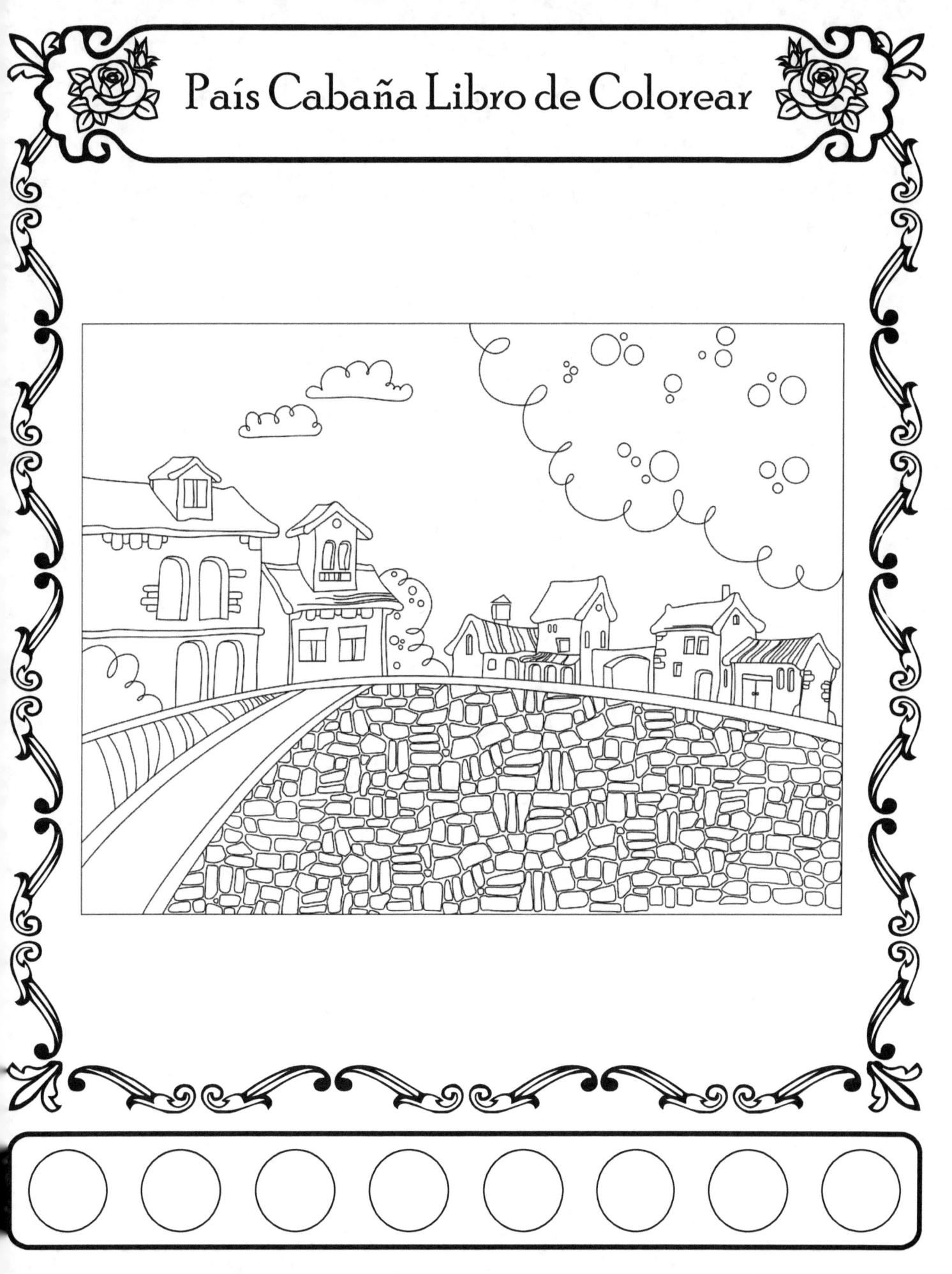

País Cabaña Libro de Colorear

País Cabaña Libro de Colorear

País Cabaña Libro de Colorear

País Cabaña Libro de Colorear

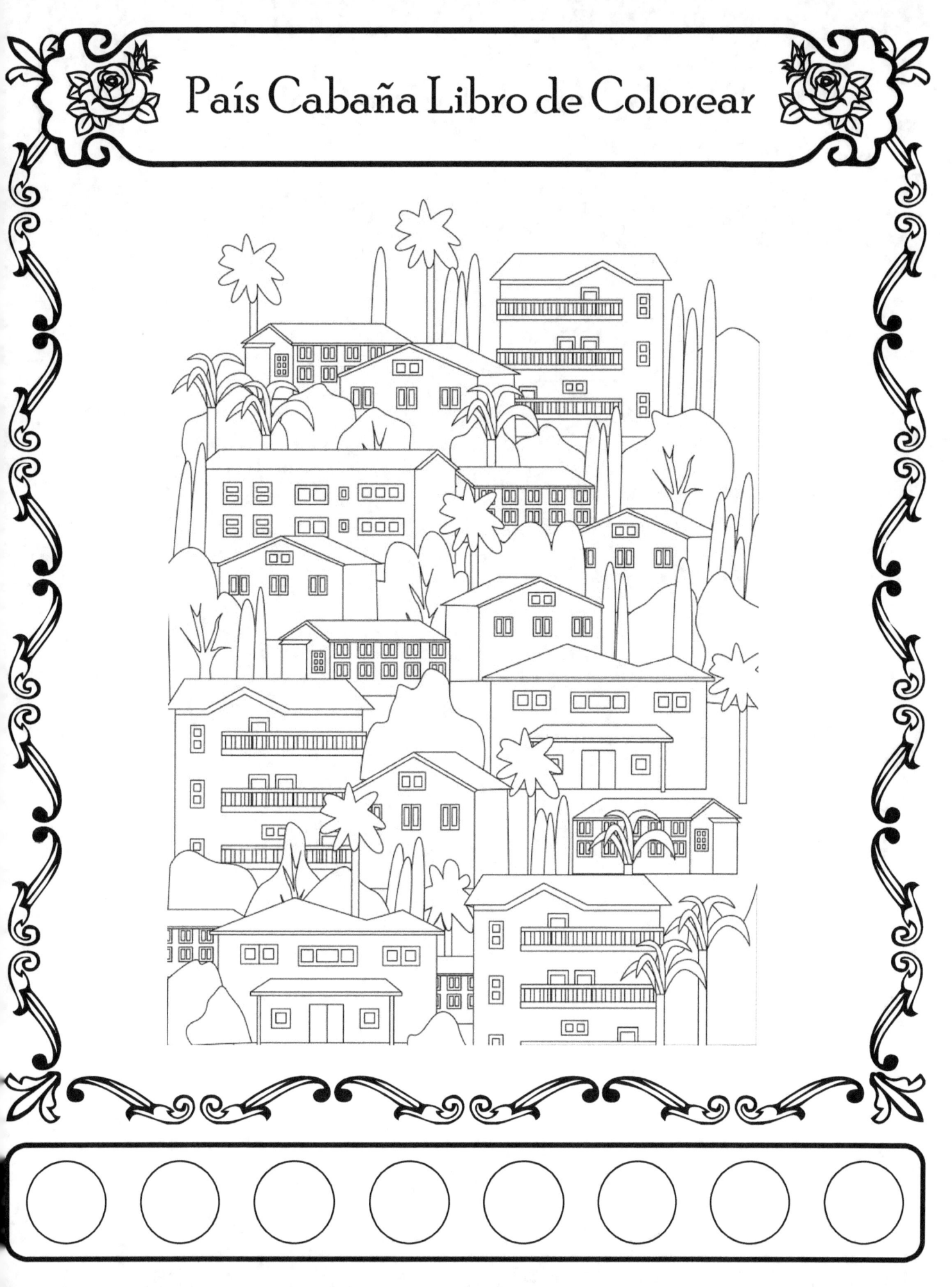

País Cabaña Libro de Colorear

País Cabaña Libro de Colorear

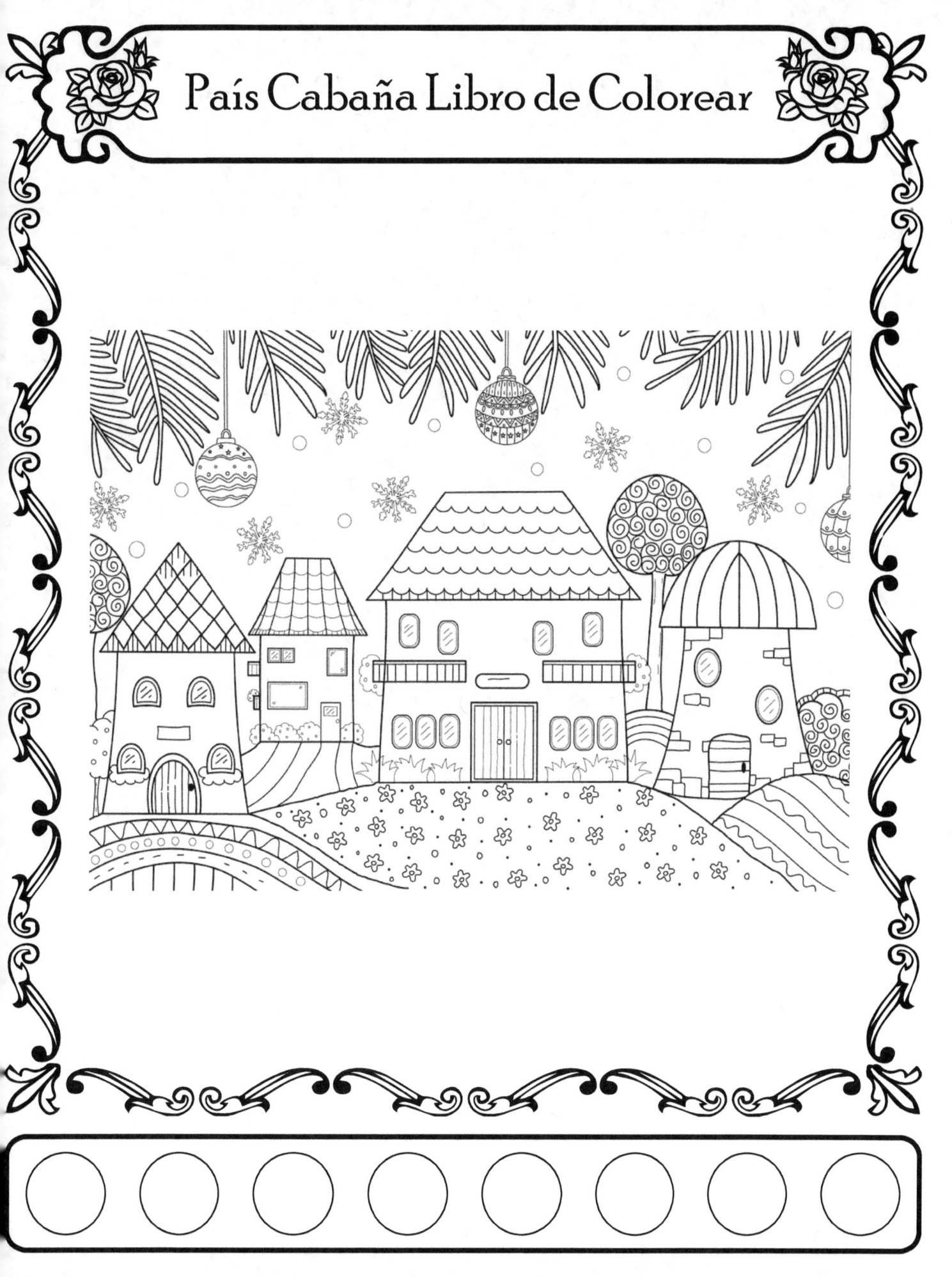

País Cabaña Libro de Colorear

País Cabaña Libro de Colorear

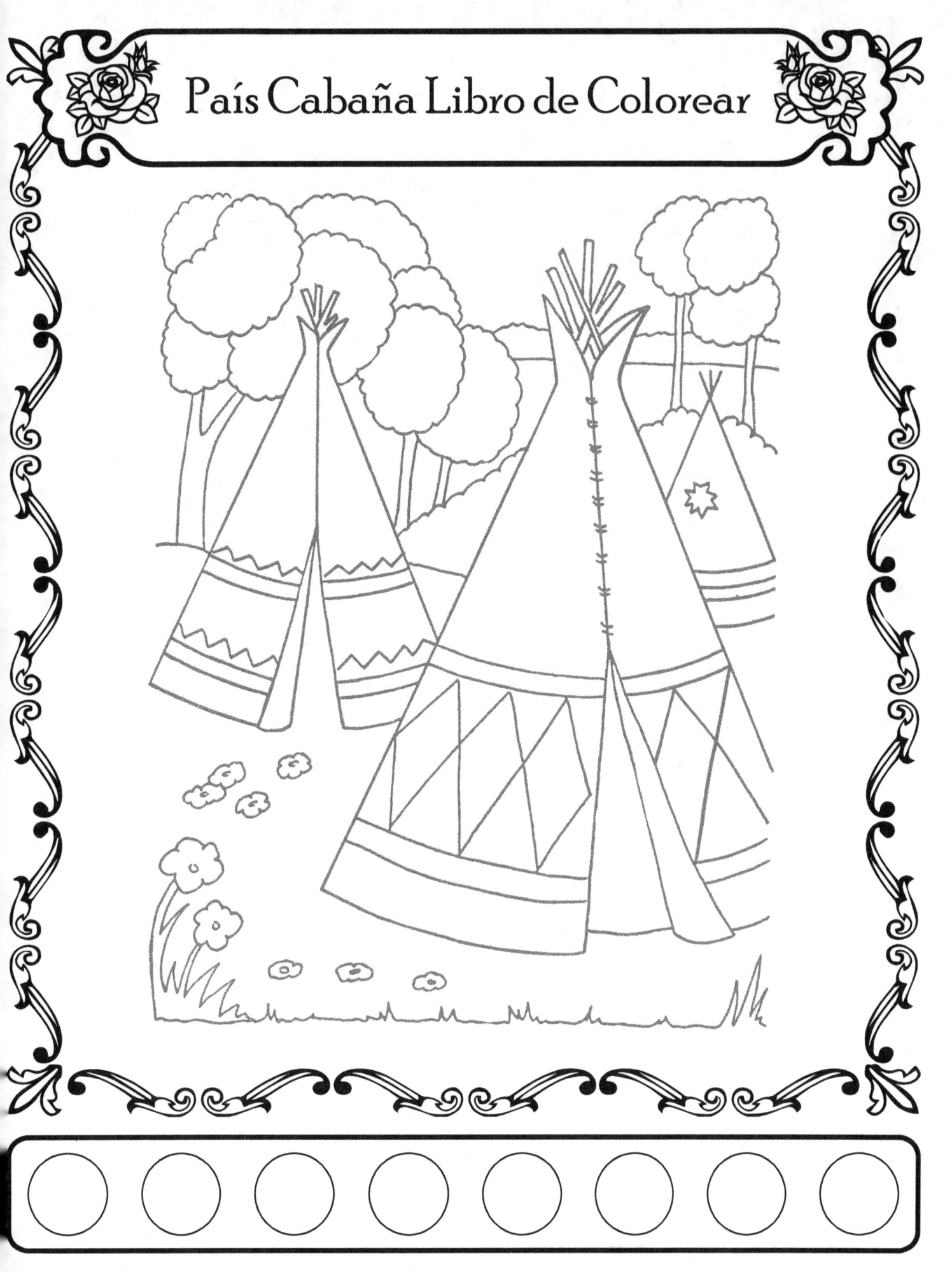

País Cabaña Libro de Colorear

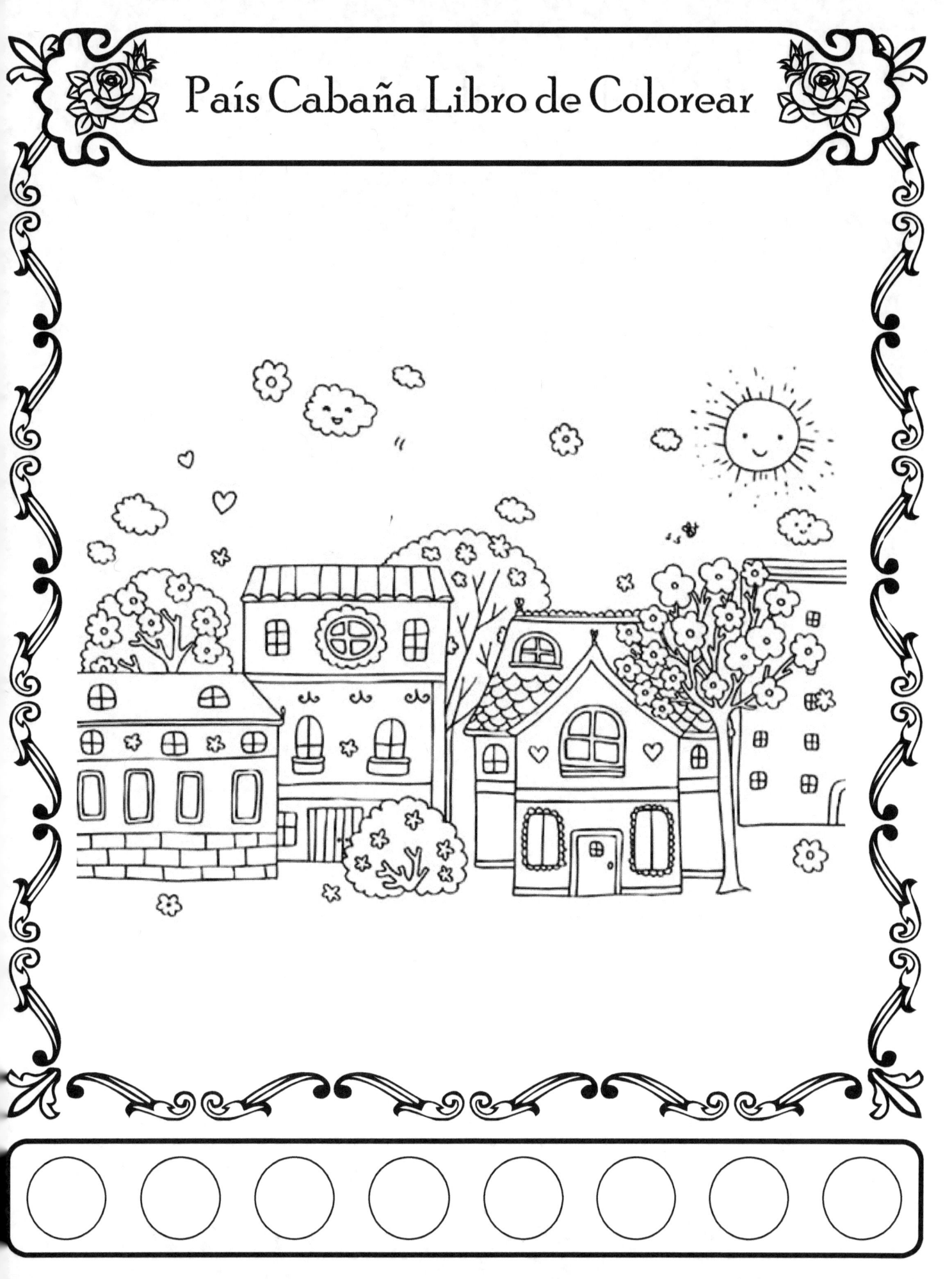

País Cabaña Libro de Colorear

País Cabaña Libro de Colorear

País Cabaña Libro de Colorear

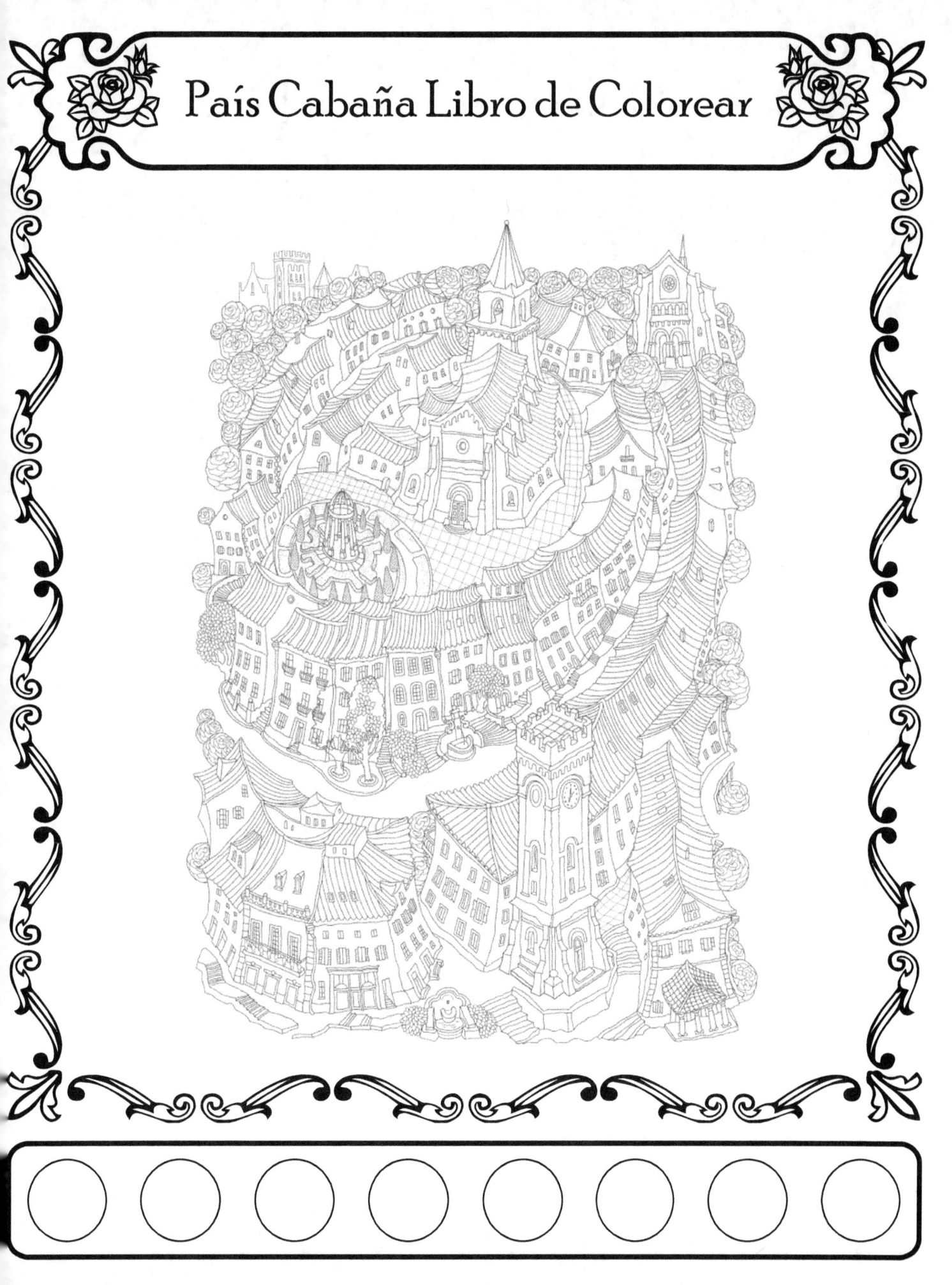

País Cabaña Libro de Colorear

País Cabaña Libro de Colorear

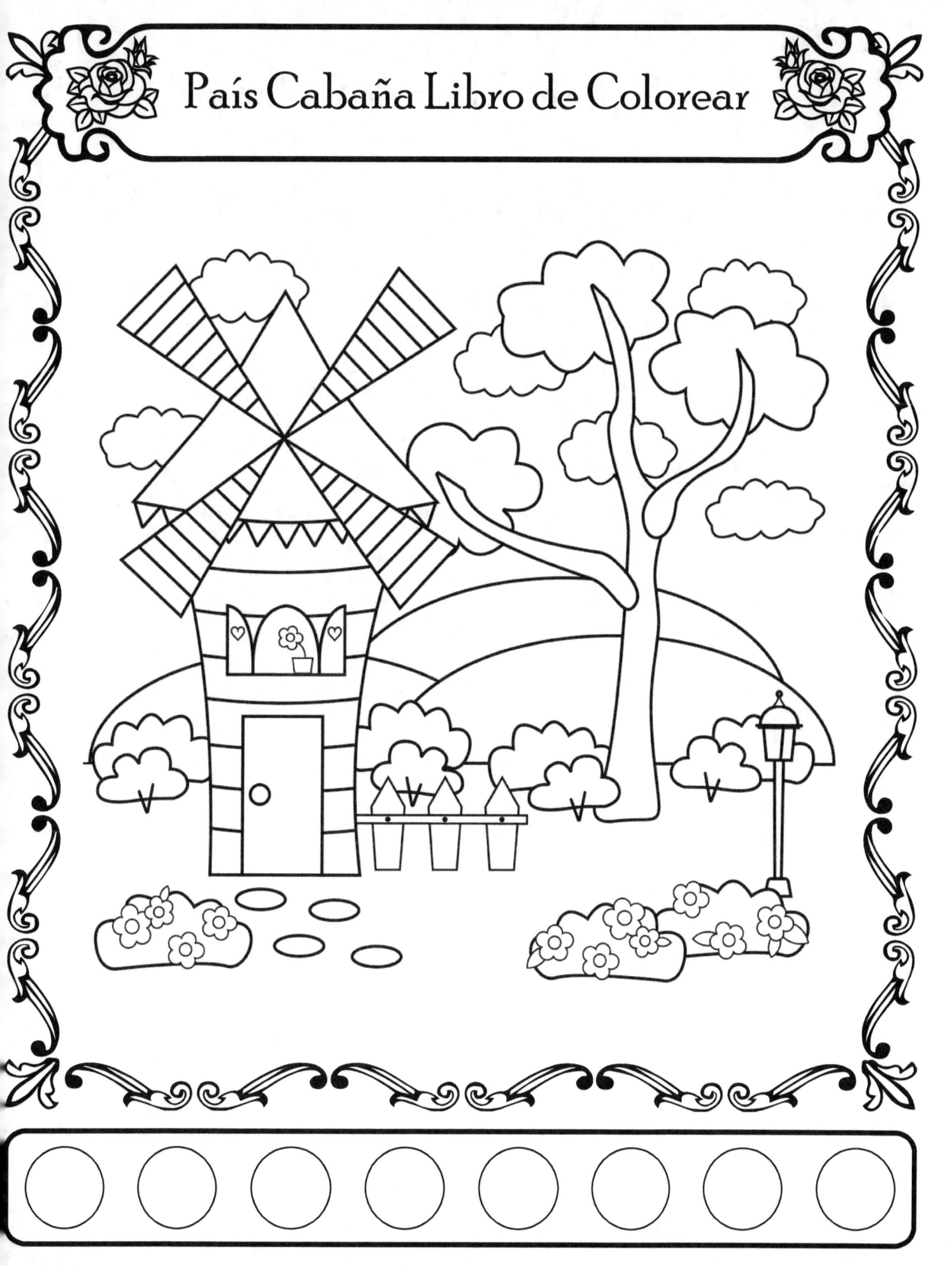

País Cabaña Libro de Colorear

País Cabaña Libro de Colorear

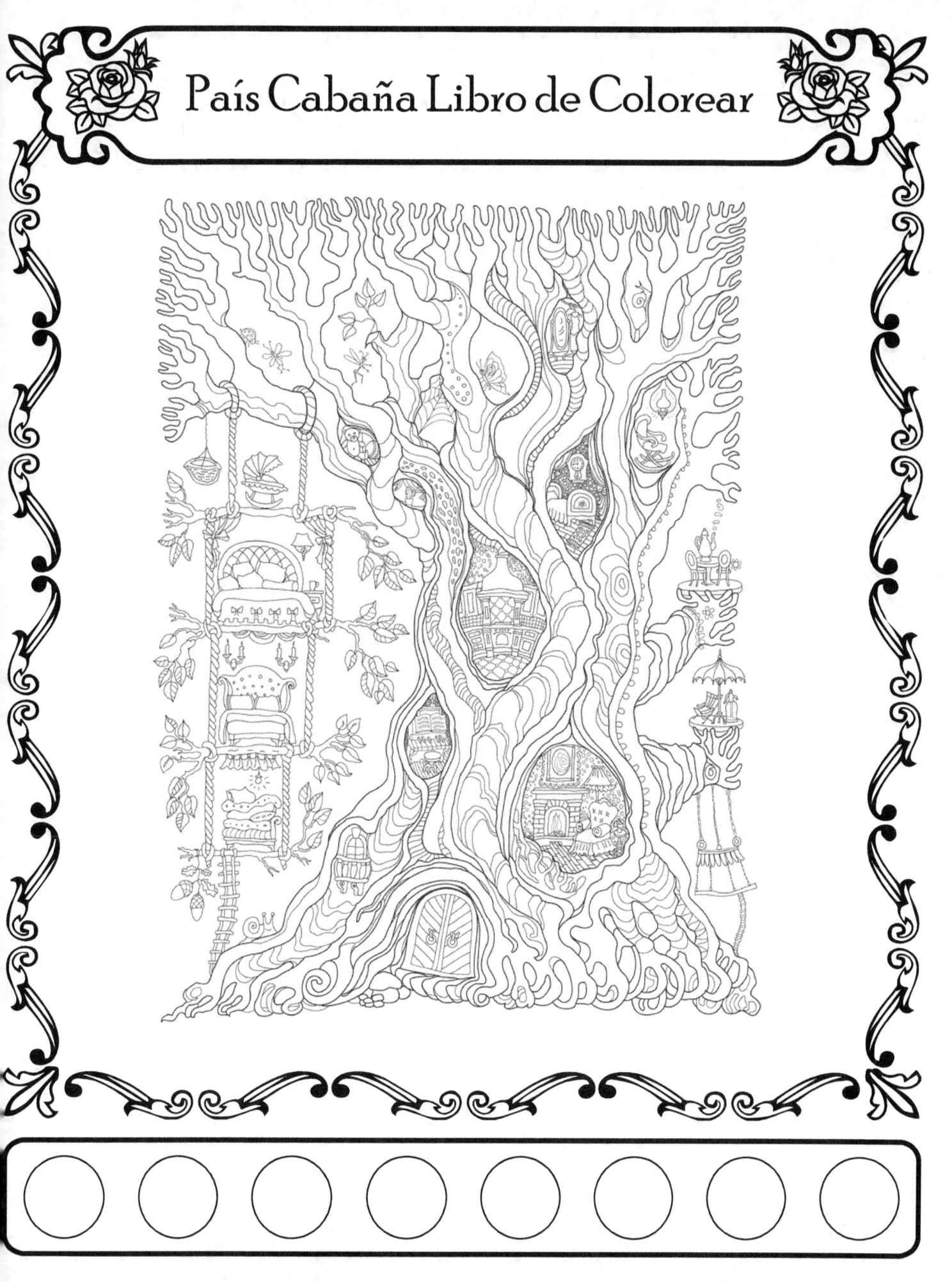

País Cabaña Libro de Colorear

País Cabaña Libro de Colorear

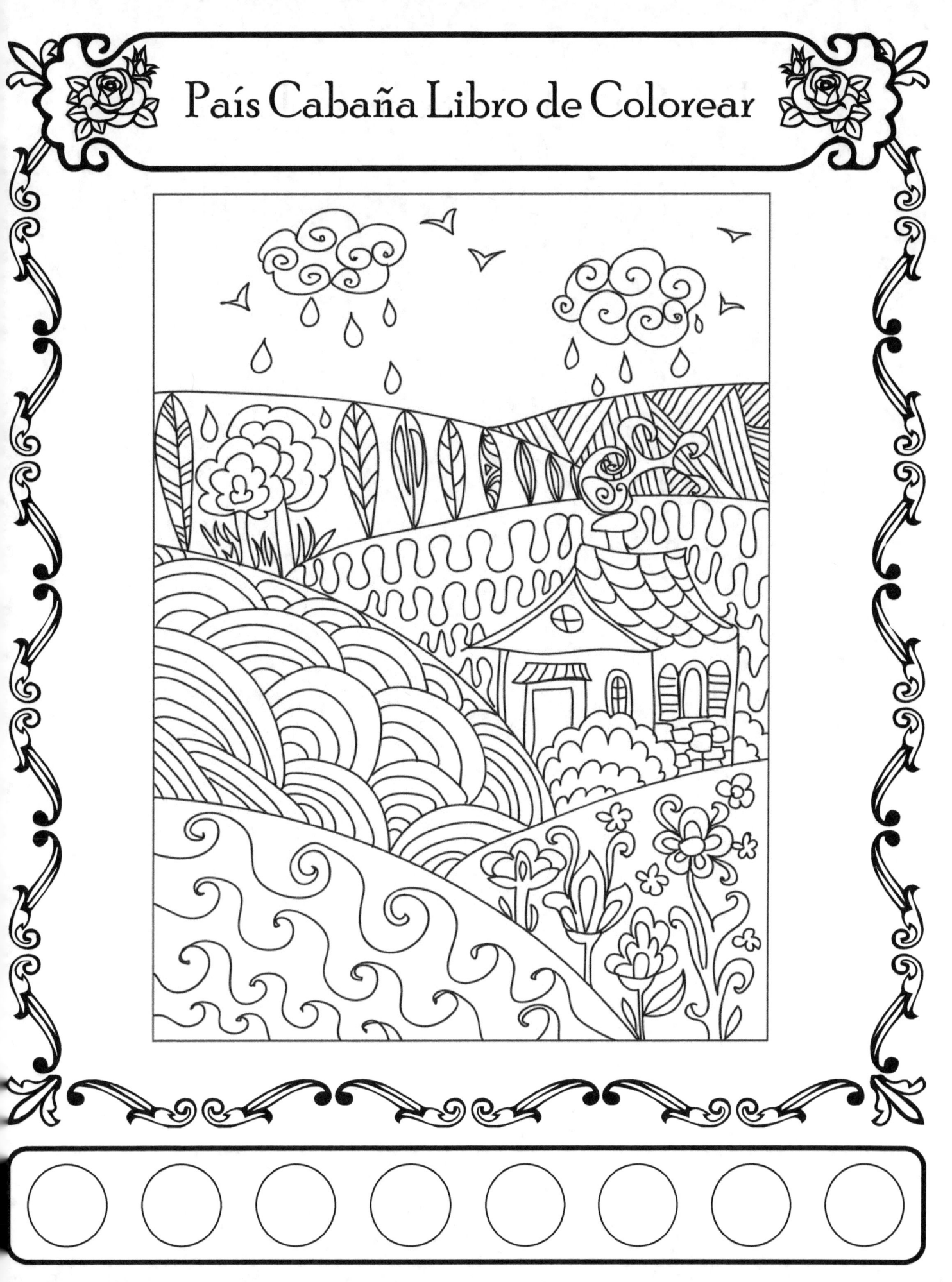

País Cabaña Libro de Colorear

País Cabaña Libro de Colorear

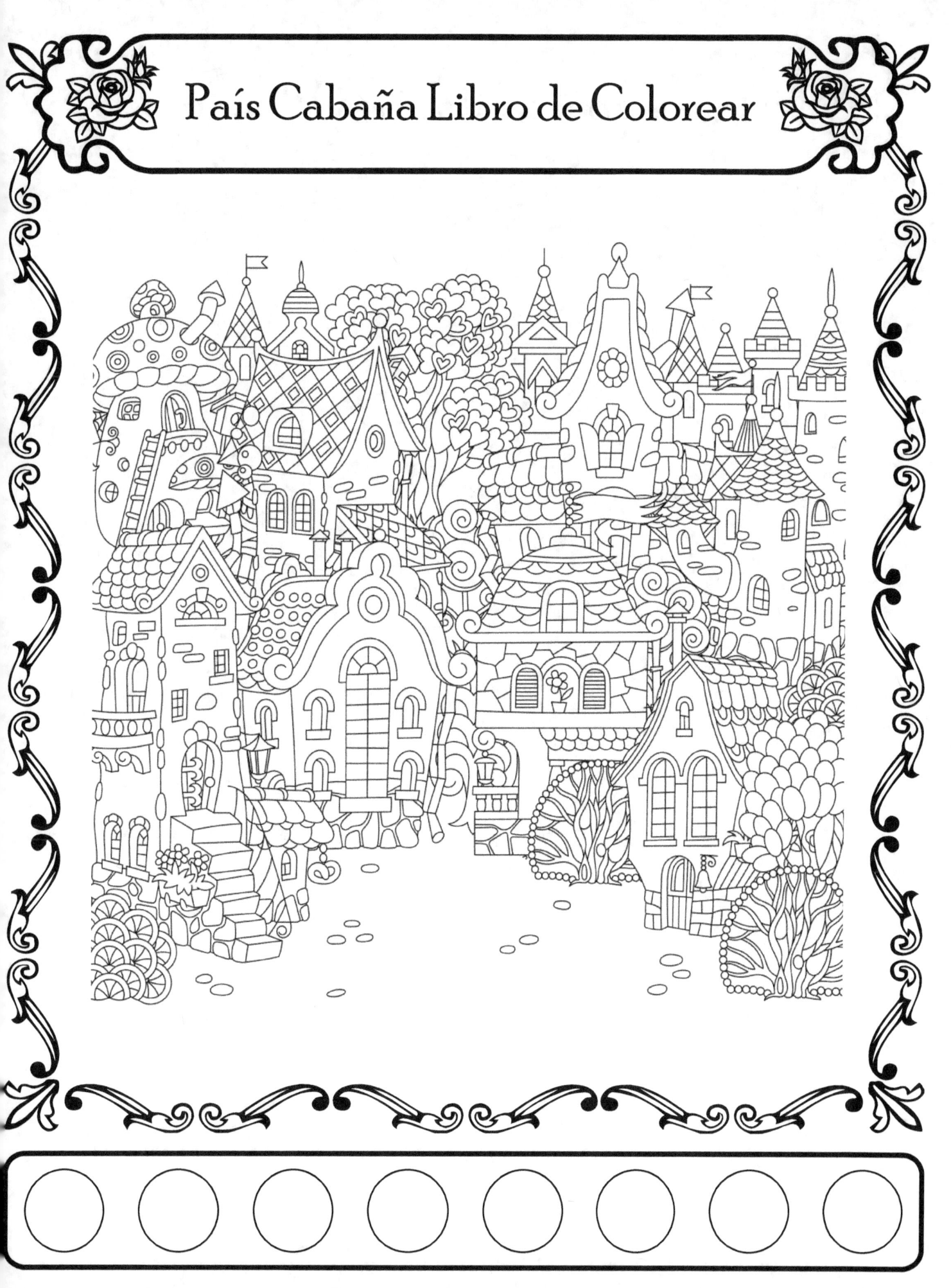

País Cabaña Libro de Colorear

www.ingramcontent.com/pod-product-compliance
Lightning Source LLC
Chambersburg PA
CBHW081001220526
45467CB00008B/2643